Nita Esther Wolf

Taiyes Weg zum Traumberuf

IHK-Jobmesse, Jobsuche,
Arbeit und Beruf, Freundschaft

Deutsch als Fremd- und Zweitsprache
A2 / B1

Ernst Klett Sprachen
Stuttgart

Bildnachweis:
32.1; 32.2 Olga Nikoliai, Heidelberg; **32.3** Ruth Albert, Ettlingen; **32.4** Getty Images (prill), München; **32.5** Shutterstock (nito), New York; **32.6** Getty Images (Vitalina), München; **32.7** Getty Images (BigJoker), München; **32.8** Getty Images (julichka), München; **32.9** Thinkstock (Riccardo_Mojana), München; **46** Getty Images (mmuenzl), München; **47.1; 47.2** Getty Images (Martin Keiler), München

Klett-Augmented-App kostenlos downloaden und öffnen | Bilderkennung starten und Seite mit **diesem Symbol** scannen | Medien laden, direkt nutzen oder speichern

1. Auflage 1 5 4 3 2 | 2023 22 21

Internetadresse: www.klett-sprachen.de

Konzeption: Carina Janas, Nita Esther Wolf
Redaktion: Benjamin Linhart
Layoutkonzeption: Greta Gröttrup, Maja Merz
Zeichnungen: Hauke Kock, Kiel
Satz: DOPPELPUNKT, Stuttgart
Umschlaggestaltung: Sabine Kaufmann
Druck und Bindung: AZ Druck und Datentechnik GmbH, Kempten/Allgäu
Tonregie und Schnitt: Andreas Nesic, custom music, Stuttgart
Sprecher: Andreas Drabarek, Dominik Eisele, Johannes Lange, Dieter Scholz, Ulrike Schulze

Printed in Germany

ISBN 978-3-12-674931-2

Inhalt

Kapitel 1: Genug gewartet 8
Kapitel 1: Übungen 16
Kapitel 2: Die Jobmesse 18
Kapitel 2: Übungen 24
Kapitel 3: Das Integrationsprogramm 26
Kapitel 3: Übungen 32
Kapitel 4: Das Training 34
Kapitel 4: Übungen 38
Kapitel 5: Endlich! 40
Die IHK-Jobmesse 44
Stuttgart 46

Wichtige Wörter: Auf der Jobmesse

der Messebesucher

die Beraterin

der Berater

Taiye Mehari

Er kommt aus Eritrea und ist 25 Jahre alt. Taiye möchte hier in Deutschland so gerne etwas lernen und arbeiten. Er liebt schnelle Autos und Sport.

Andi Kuhlmann

Er ist 28, kommt aus Deutschland und ist immer pünktlich zu seinem Training im Fitnessstudio. Andi hat ein Fahrradgeschäft in Stuttgart. Im Sommer arbeiten manchmal Zugewanderte bei ihm. Deshalb kennt er ihre Probleme.

Rico Brandao

Er kommt aus Portugal, ist 27 Jahre alt und auch er liebt Sport. Rico ist Schreiner von Beruf. In Deutschland arbeitet er für schnelles Geld in miesen Jobs, bis Andi ihm hilft.

Sujata Bäuerle

Sie ist 32 und kommt aus Indien. Seit 10 Jahren lebt Sujata schon in Deutschland. Sie arbeitet bei der IHK-Jobmesse am Infostand. Sie spricht sehr gut Deutsch und Englisch.

Wolfgang Härtl

Er kommt aus Deutschland und ist 55 Jahre alt. Wolfgang ist Fahrzeuglackierermeister in seiner eigenen Autolackierwerkstatt in der Nähe von Stuttgart.

Kapitel 1 Genug gewartet

Ich muss warten! Immer warten! Hier in Deutschland muss ich warten, warten und warten: Auf Papiere, dann auf einen Stempel, dann auf die Übersetzungen und dann auf meine Aufenthaltsgenehmigung! Eine Arbeitserlaubnis habe ich auch noch nicht! Leute, ich bin doch noch jung! Ich will arbeiten! Dieses Warten geht mir voll auf die Nerven.

Es war aber eine sehr gute Idee mich im Fitnessstudio anzumelden. Beim Training bekomme ich meinen Kopf wieder frei. Ich stemme die Gewichte und starre dabei auf das Plakat an der Wand. Auf dem Plakat steht: „Träume nicht dein Leben! Lebe deinen Traum!“

Audio online

Ein Teil von meinem Traum war ja Deutschland. Und jetzt bin ich HIER! Den Weg von Eritrea bis nach Stuttgart muss man auch erst mal schaffen! Ich sag's euch, Leute! Das war kein Kinderspiel! Dass aber die deutsche Sprache so schwierig zu lernen ist!!! Dass man sooo viele Papiere braucht! Damit hätte ich nicht gerechnet.

Auch Freunde finden ist nicht einfach. Aber ich hatte Glück. Eines Tages kam Rico ins Fitnessstudio mit meinem Lieblings-T-Shirt in der Hand: „Hey, das ist doch deins! Hast du gestern in der Umkleidekabine vergessen. Cooles Shirt!" Und schon war das Eis gebrochen. Wir haben später unsere T-Shirts getauscht. Wir sind jetzt Freunde. Ich trage sein T-Shirt und er trägt meins.

Auch Rico hat Probleme. Er kann schon viel besser Deutsch als ich und als Portugiese braucht er keine Arbeitserlaubnis. Trotzdem sind seine Jobs immer unter seinem Niveau. Als Schreiner arbeitet er mal als Umzugshelfer, mal repariert er alte Möbel ... Deshalb hat er manchmal richtig schlechte Laune. Ich mache mir Sorgen, dass er wieder nach Portugal zurückgeht.

Dann kam Andi noch dazu, ein Deutscher. Immer auf die Minute pünktlich. Punkt 15 Uhr kommt er zum Training, egal bei welchem Wetter, egal, was passiert. Rico und ich lachen dann immer und sagen: „Drei Uhr, Andi! Zeit für dein Training! Nicht zu spät anfangen!“ Aber Andi wird nicht sauer. Im Gegenteil, er lacht auch: „Ich bin halt Deutscher und Deutsche lieben Pünktlichkeit!“

Rico und ich haben dazugelernt und kommen jetzt auch um drei. Das machen wir, weil wir Freunde geworden sind: Wir drei! Um drei!

Wir witzeln rum, trainieren aber auch sehr gut und kontrollieren die korrekte Haltung. Das macht vor allem Andi, der uns immer wieder warnt: „Nicht so! So machst du dir den Rücken kaputt! Nimm die Kraft nur aus dem Bauch und den Beinen!“

Warum Rico jetzt nicht mehr zum Training kommt?! Wirklich komisch. Wir können ihn nicht erreichen. Was ist da los?

Andi sagt: „Taiye, konzentrier dich auf dich selbst! Du musst deine EIGENEN Ziele verfolgen! Geh doch mal zur IHK-Jobmesse. Das ist eine Karrieremesse am kommenden Mittwoch.“

Klingt gut. Aber ich habe so gar keinen Mut. Bin müde, kaputt. Zu viel gewartet!

Aber Andi lässt nicht locker:

Was willst du machen?

Arbeiten!

Was denn?

Etwas mit Autos. Ich hab früher bei meinem Onkel in der Autowerkstatt geholfen.

Super! Das schreiben wir doch direkt in deinen Lebenslauf!

So ist Andi. Dann hat er mit mir zusammen To-do-Listen geschrieben. Denn ich brauche für eine gute Bewerbung ja nicht nur einen Lebenslauf.

Taiyes To-Do-Liste

	gemacht
– Lebenslauf mit Andis Hilfe schreiben	✓
– Zeugnisse übersetzen und anerkennen lassen (Andi weiß, wo)	
– Teilnahmebestätigung vom Deutschkurs abholen	✓
– Arbeitserlaubnis holen	
– Aufenthaltserlaubnis kopieren	
– Bewerbungsfoto machen lassen (Andi oder im Automaten?)	

Deine To-Do-Liste

gemacht

–

–

–

–

–

Wie findest du To-Do-Listen?

Schreibst du normalerweise Listen?

★ Welche Erklärung passt zu welcher Redewendung?
Schreibe die richtige Erklärung unter die Redewendung.

Jemandem lästig sein.
Sich überwinden.
Sehr, sehr stolz sein.
Etwas sehr, sehr gut können.
Wieder klar denken können.
Man mag sich jetzt.
Etwas an andere abgeben.
Man macht das, was man vorher gesagt hat.
Etwas nicht können.
Am falschen Ort sein.
Das ist sehr schwierig.

1. Jemandem auf die Nerven gehen.

---

2. Den Kopf frei bekommen.

Lösungen online

3. Das ist kein Kinderspiel.

4. Das Eis ist gebrochen.

5. Fehl am Platz sein.

6. Das ist eine Nummer zu groß.

7. Etwas aus der Hand geben.

8. Seinen ganzen Mut zusammennehmen.

9. Ein Händchen für etwas haben.

10. Vor Stolz fast platzen.

11. Gesagt, getan.

Kapitel 2 Die Jobmesse

Mann! Was sind denn das für Freunde? Jetzt bin ich auf der IHK-Jobmesse. Genau heißt sie „Jobmesse für ausländische Fachkräfte und Azubis“. Ich bin alleine hier. Rico ist nicht da. Andi ist auch nicht da. Er wollte mir doch meinen Lebenslauf ausdrucken. Das stresst. Ich fühle mich verloren und fehl am Platz.

Audio online

Es gibt viele, viele Stände. Wahnsinn! Auf dem Plan stehen ungefähr 40 verschiedene Firmen und es gibt zirka 50 Stände auf zwei Stockwerken. Ein großes Durcheinander.

Am Infostand im Erdgeschoss sitzt eine sehr sympathische, selbstbewusste Frau. Sie hat gemerkt, dass ich unentschlossen dastehe. Sie lächelt mich an und sagt: „Kann ich Ihnen helfen?“ Ich antworte nicht, bin nervös. Sie versucht es noch mal auf Englisch: „May I help you?“ Immerhin kann ich „Thank you!“ sagen. Mehr aber auch nicht.

Das ist alles eine Nummer zu groß für mich. Da sind so viele ausländische, junge Frauen und Männer: Sie sprechen alle sehr gut Deutsch ... Und ich? Mein Deutsch ist nicht so gut.

O.K. Ich gehe nach Hause. Das bringt mir nix! Aber wenn ich jetzt aufgebe, fühle ich mich sicher ganz schlecht. Was tun?

Da!!! Andi und Rico! Gott sei Dank! Ich habe Glück, die beiden heute hier zu finden. Hier laufen Hunderte von Leuten rum. Aber wie sieht Rico aus? Er ist ganz dünn geworden. Dunkle Ringe unter den Augen. „Rico! Mann! Wie siehst du denn aus? Probleme? Eine Frau, was?“ Rico grinst: „Nee, das nicht. Arbeitsstress!“

Andi lacht und sagt: „Ich habe ihn gerade aus dem miesesten Job von ganz Stuttgart rausgeholt.“

Rico wollte schnell Geld verdienen und ist in der hintersten Ecke von einem Möbellager gelandet. Arbeit ohne Ende: Möbel aufbauen, Lager aufräumen, putzen und noch dazu viele unbezahlte Überstunden.

Jetzt kommt eine kurze, aber intensive Ansprache von Andi für uns zwei: „Macht keine Jobs für schnelles Geld! So kommt ihr nicht weiter. Benutzt eure Talente und eure handwerkliche Erfahrung! Lernt was! Außerdem: Deutsch! Deutsch! Deutsch! Kein Chef darf euch ausnutzen oder respektlos behandeln. Er muss euch helfen und fördern."

Rico und ich müssen etwas lächeln, besonders als Andi sagt: „Deutsch! Deutsch! Deutsch!" Das ist so typisch Andi.

Andi grinst und gibt jedem von uns eine Bewerbungsmappe für unsere Unterlagen: Eine blaue für Rico und eine rote für mich. Er hat meinen Lebenslauf ausgedruckt. Mit Foto. Cool. Professionell gemacht! „Danke, Andi!“ Aber er hört gerade nicht zu und sagt zu Rico: „Komm, wir gehen jetzt mal zum Stand der Firma *Bauberger*. Die bauen Fertighäuser und suchen gerade Schreiner. Du hast ja deine Papiere übersetzen lassen. Hier: Ich hab dir alles noch mal kopiert. Nie die Originale aus der Hand geben!“

Andi hat recht. Was ist das Leben ohne gute Arbeit? Jemand hat mal gesagt: „Flüchtling ist kein Beruf!“ Genau! Ich will etwas lernen, einen Beruf haben! Vielleicht kann ich eines Tages mein Wissen nach Eritrea zurückbringen.

Andi ist gerade wieder weg mit Rico.
Ich gehe noch mal zum Eingang zurück,
zum Infostand.

Ich nehme meinen ganzen Mut zusammen und frage die nette Frau dort: „Ich bin noch keine Fachkraft und auch kein Azubi. Was kann ich dann tun? Mein Deutsch ist auch noch nicht so gut.“ Sie schaut mich freundlich an und sucht dann in ihrem Computer: „Ich glaube, da hätte ich etwas. Wie wäre es mit dem Integrationsprogramm von Porsche?“

★ **Die Deutschen lieben lange Wörter. Sie setzen zwei und manchmal auch drei Wörter zu einem Wort zusammen.**

a) Welche Wörter passen zusammen? Verbinde.

1. Arbeits	programm
2. Fach	lager
3. Fertig	messe
4. Bewerbungs	kraft
5. Info	haus
6. Möbel	lauf
7. Integrations	mappe
8. Lebens	stand
9. Job	stress

Lösungen online

b) Der, die oder das? Schreibe nun die zusammengesetzten Wörter mit dem bestimmten Artikel auf und übersetze sie in deine Muttersprache.

	Übersetzung
1. der Arbeitsstress	…………
2. die Fach…………	…………
3. ……… Fertig…………	…………
4. …………	…………
5. …………	…………
6. …………	…………
7. …………	…………
8. …………	…………
9. …………	…………

Wow! Bei Porsche gibt es ein Integrationsprogramm für Leute wie mich? Die Frau am Informationsstand heißt Sujata Bäuerle. Ihr Name steht auf ihrem Namensschild. Sie sieht mich jetzt etwas streng an: „Das hat aber nichts mit schnellen Autos zu tun. Nur dass Sie Bescheid wissen: Die ersten drei Monate lernen Sie nur Deutsch!"
Deutsch! Deutsch! Deutsch! Nicht nur Andi sagt das ...

Sie erklärt mir das 8-monatige Programm genau:

1. Drei Monate Deutschintensivkurs, mit Fachsprache.
2. Handwerklicher Teil: Man lernt sägen, feilen, bohren für verschiedene Berufe. Plus alles über Qualität und Sicherheit.

Audio online

3. Zum Schluss hospitiert man in einem Betrieb und lernt den deutschen Arbeitsalltag kennen.

Super! Passt sehr gut für mich!

„Und wie komme ich da rein?“ Frau Bäuerle notiert meinen Namen. „Mehari. M-E-H-A-R-I. Der Vorname ist Taiye.“ Sie sagt dann: „Ich rufe den Leiter des Programms mal für Sie an.“

Am Telefon schreit sie dann fast: „Voll?! Das Programm ist voll?! Herr Kooober!!! Sagen Sie das nicht! Hier ist ein junger Mann, für den ist Ihr Programm genau das Richtige! Können Sie ihn nicht noch mit ins Programm aufnehmen? ... Hm ... Ja ... Er heißt Taiye Mehari ... O. K., ich danke Ihnen.“

Sie atmet tief durch und sagt dann zu mir:
„Da ist nur noch EIN einziger Platz frei.
Ich habe ihn für Sie reserviert. Sie müssen sich beeilen und SOFORT Ihre Bewerbung losschicken! Noch heute!“
„Oh, vielen, vielen Dank, Frau Bäuerle!“

Da kommen Andi und Rico. Sie lächeln und sind glücklich. Rico kann nächsten Monat als Schreiner bei „Bauberger“ anfangen.

„Andi! Rico! Ich muss jetzt sofort meine Bewerbung losschicken! Im Porsche-Integrationsprogramm ist noch EIN Platz frei! Für mich! Aber ich muss schnell sein!“

„Hey, Mann! Taiye! Cool!“ Beide Freunde freuen sich. Und ich freue mich sehr für Rico. Aber ich selber bin noch nicht ganz so weit. Ich muss ja erst mal reinkommen!

Wie immer hilft Andi. Er spricht noch einmal mit Sujata Bäuerle, bekommt von ihr die Adresse von Herrn Kober und sagt: „Dann schicken wir deine Bewerbung jetzt gleich mal los! Auf geht's!“
Gesagt, getan. Jetzt heißt es erst mal wieder auf die Antwort warten.

Taiyes Gedanken

Heute habe ich etwas gelernt:
Ich muss mutiger sein!
Ich bin alleine zum Infostand gegangen und habe gefragt, ganz ohne Andis Hilfe. Das war ein Risiko. Mein Herz hat stark geklopft. Ich hatte weiche Knie. Aber es hat sich gelohnt. Vielleicht nehme ich bald am Integrationsprogramm von Porsche teil.

★ **Welchen Schritt möchtest du für deinen beruflichen Erfolg gehen? Was möchtest du riskieren? Schreibe auf.**

★ Wie heißen die Werkzeuge? Schreibe den richtigen Werkzeugnamen unter die Bilder.

der Bohrer · der Hobel · die Säge · der Pinsel · der Hammer · der Schraubenzieher · die Feile · der Lötkolben · das Schweißgerät

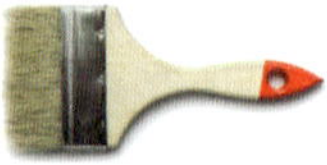
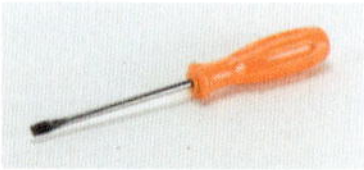

Lösungen online

★ **Welches Werkzeug passt zu welchem Verb?**

Schreibe das passende Werkzeug hinter die Verben.

bohren: ....

feilen: ....

hämmern: ....

hobeln: ....

lackieren: ....

löten: ....

sägen: ....

schweißen: ....

schrauben: ....

Zwei Wochen später kommt ein Brief mit Porsche-Logo:

Sehr geehrter Herr Mehari,
wir freuen uns Ihnen mitteilen zu können, dass noch ein Platz in unserem Integrationsprogramm für Sie frei ist: Wir möchten Sie zu einem Gespräch einladen. Bitte kommen Sie am Montag, den 23. Juli um 10:30 Uhr in unser Büro.

Wow! Cool!
Andi bleibt ungerührt: „Das müssen wir üben! Normalerweise kommen bei den Gesprächen krasse Fragen auf dich zu! Eine gute Vorbereitung ist alles!“

Audio online

„Krasse Fragen? Was denn für krasse Fragen?"
Andi sagt: „Naja, zum Beispiel: *Sind Sie belastbar?* Das Wort verstehe ich nicht und frage: „*Belastbar*? Was bedeutet *belastbar*?"
„Das heißt: Du kannst viel arbeiten und bist fleißig, auch, wenn es stressig wird. Das bedeutet belastbar. Aber am schwierigsten ist immer der Anfang, wenn der Personalchef dich freundlich bittet: *Erzählen Sie etwas über sich!* Du musst dich also gut und selbstbewusst präsentieren."

Andi und ich schreiben alles auf, was ich über mich erzählen kann. Und dann üben wir das wieder und wieder. Andi lässt mich super schnell sprechen, dann super langsam. Dann beim Joggen, dann beim Gewichtheben, dann beim Seilspringen ... bis ich alles gut und ohne Pausen sagen kann.

„Super, Taiye! So passt das.“ Auch die anderen Antworten üben wir, zum Beispiel zu diesen Fragen:

- Was möchten Sie lernen?
- Kommen Sie gut mit Ihren Kollegen klar?
- Möchten Sie lieber handwerklich arbeiten oder am Computer?
- Sind Sie ein Teamplayer oder ein Einzelkämpfer?

Was meinst du, Taiye?

Ich denke, ich bin beides. Ich liebe die Arbeit im Team. Aber ich kann auch ganz gut alleine kämpfen.

Ja, du bist eine gute Mischung, Taiye!

Ich lerne auch die Wörter *zuverlässig*, *präzise*, *teamfähig*, *lernfähig*. Das Wort *pünktlich* kenne ich ja schon. Dank Andi. Haha!

Zum Schluss sagt Andi noch zu mir: „Sei einfach du selbst! Zeig Interesse und stell auch ein paar eigene Fragen! Einen kräftigen Händedruck, ein Lächeln, ein Danke. Mehr brauchst du nicht. Du schaffst das, Taiye!"

Das Gespräch mit Herrn Kober war dann total anders, als gedacht: Viel weniger stressig. Andis Training war toll, weil ich dadurch viel selbstbewusster sprechen konnte. Ich war weniger nervös. Nervös bin ich aber jetzt: Ich muss wieder warten. Wann kommt endlich eine Antwort von Herrn Kober? Mann! So schwer war das Warten noch nie. Alles hängt jetzt davon ab, meine ganze Zukunft!

★ **Welches Adjektiv passt? Ordne zu und schreibe wie im Beispiel.**

belastbar höflich interessiert teamfähig lernfähig präzise pünktlich zuverlässig

1. Ich sage „Sie“ zu Unbekannten und immer „bitte“ und „danke“. Ich bin höflich
2. Ich arbeite genau. Ich bin
3. Ich finde Neues interessant.
4. Ich kann gut mit anderen in einer Gruppe arbeiten.
5. Ich komme nie zu spät.
6. Ich lerne gerne Neues.
7. Ich mache immer, was ich sage.
8. Ich mache viel: Arbeiten, Deutsch lernen, Sport ... Das ist nicht anstrengend.

Lösungen online

★ **Welche Eigenschaften hast du? Wie stark sind sie ausgeprägt? Sortiere die Adjektive und ergänze weitere Eigenschaften.**

++ sehr	+	– nicht sehr	-- nicht
höflich			

Upps! Kurz vor drei! Ich muss unbedingt ins Fitnessstudio! Ich nehme meine Sportsachen und renne los! Raus aus der Haustür …
Aber was ist das? Ein Brief steckt oben im Briefkasten! Von Porsche? Echt jetzt? Ja. Mit Porsche-Logo. An mich adressiert! Unglaublich!

So schnell war ich noch nie im Fitnessstudio. „Andi! Rico! Ich habe die Antwort von Herrn Kober!"

Ich mache den Brief auf. Meine Hände zittern. Meine Freunde sehen mir aufgeregt über die Schulter und lesen mit: *Willkommen in unserem Integrationsprogramm!*

Audio online

Hurra! „Hey, Mann, Taiye! Du hast's geschafft! Mega!“ Andi und Rico freuen sich für mich. Wow! Ich bin sooo froh und glücklich!

Ich bin jetzt schon vier Monate im Integrationsprogramm von Porsche. O.K., es ist anstrengend. O.K., ich muss früh aufstehen. O.K., ich muss viel lernen: Sägen, schrauben, bohren, schweißen ... Dazu die Namen der Werkzeuge.

Es gibt immer viele Aufgaben und Hausaufgaben. Aber: Leute! Ich muss nicht mehr warten. Das ist das Beste. Ich komme weiter!

Im Moment bin ich in der Autolackierwerkstatt und lerne, wie man Risse und Kratzer an der Karosserie so übermalt, dass es wieder aussieht wie neu. O.K. Ich muss eine Atemschutzmaske tragen. Das nervt schon manchmal. Aber daran gewöhnt man sich schnell.

Gerade kommt der Meister rein, mit ein paar Reportern, die über das Integrationsprogramm von Porsche schreiben. Er lächelt, als er mich arbeiten sieht: „Das ist Taiye. Er hat wirklich ein Händchen fürs Lackieren. Gute Arbeit, Taiye!"

Ich platze fast vor Stolz ... Diesen glücklichen Moment möchte ich für immer festhalten und bitte den Meister um ein Foto. „Natürlich!" Das Selfie mit dem Meister ist mein Lieblingsbild!

Die IHK-Jobmesse

IHK ist eine Abkürzung und bedeutet: Industrie- und Handelskammer. In der IHK organisieren sich Unternehmen. Die IHK fördert die Industrie und die Wirtschaft. Dazu gehört zum Beispiel die Ausbildung von jungen Leuten zu Fachkräften. Denn die Azubis (= Auszubildende) sollen lernen, wie man gute Arbeit macht. Deshalb kontrolliert die IHK auch die Prüfungen für die Handwerksberufe. So ist klar, was Azubis für ein bestimmtes Handwerk lernen und können müssen. Außerdem organisiert die IHK Jobmessen und bringt so junge Leute, die einen Ausbildungsplatz suchen, und die Unternehmen, die Azubis brauchen, zusammen.

Infos zur IHK

Auch Leute, die Arbeit suchen, finden auf der IHK-Jobmesse das richtige Unternehmen und den passenden Arbeitsplatz.

★ **Gibt es in deiner Nähe auch eine Jobmesse? Recherchiere im Internet und beantworte die Fragen.**

1. Wo in deiner Nähe gibt es die nächste Jobmesse?

---

2. Wann findet diese Jobmesse statt?

★ **Organisiere einen Ausflug zur nächsten Jobmesse. Wer möchte mitkommen?**

Stuttgart

Stuttgart ist die sechstgrößte Stadt von Deutschland und hat zirka 630 000 Einwohnerinnen und Einwohner. Sie ist das wirtschaftliche und politische Zentrum vom Bundesland Baden-Württemberg und der Sitz von sehr berühmten Firmen, wie Daimler, Porsche, Bosch und vielen anderen ...

Das heißt: Hier gibt es Arbeit in vielen Bereichen.

Die Stadt liegt zwischen Hügeln im Südwesten von Deutschland und ist bekannt für ihre fleißigen und sparsamen Menschen.

Homepage der Stadt Stuttgart

Das Essen ist sehr lecker: Es gibt Spätzle und

Maultäschle. Spätzle sind kleine Nudeln ohne Füllung und Maultäschle sind kleine Taschen (Schwäbisch: Täschle) aus Nudelteig mit Fleisch gefüllt.

Die Endung „-le“ ist typisch für das Schwäbische (= ein Dialekt in Baden-Württemberg). Wir hören in Stuttgart viele Wörter mit „-le“: Häusle, Mädle, Stäffele. Stäffele? Was ist das? In Stuttgart gibt es zirka 400 Treppen oder mehr. Sie führen die Hügel hoch und heißen „Stäffele“. Du kannst also zum Beispiel bis zur Karlshöhe die Stäffele hochsteigen und von oben die Aussicht auf die Stadt genießen.

★ Stuttgart ist ...

☐ ... die größte Stadt von Deutschland.

☐ ... die drittgrößte Stadt von Deutschland.

☐ ... die sechstgrößte Stadt von Deutschland.

★ Stuttgart hat zirka ... Einwohnerinnen und Einwohner.

☐ 63 000 ☐ 630 000 ☐ 6 300 000

★ Welche zwei Automobilhersteller haben ihren Sitz in Stuttgart?

☐ Audi ☐ BMW ☐ Daimler

☐ Opel ☐ Porsche ☐ Volkswagen

★ Welchen Dialekt hört man in Stuttgart?

☐ Schwäbisch ☐ Sächsisch

☐ Kölsch ☐ Berlinerisch

Lösungen online